Naam:

www.ingramcontent.com/pod-product-compliance
Lightning Source LLC
Chambersburg PA
CBHW071217220526
45468CB00002B/643
* 9 7 8 1 7 9 5 2 1 9 8 7 7 *